T0077028

Claude Vivier

Et je reverrai cette ville étrange

pour ensemble mixte

HENDON MUSIC

AN IMAGEM COMPANY

DISTRIBUTED BY

7777 W. BLUEMOUND RD. P.O. BOX 13819 MILWAUKEE, WI 53213

www.boosey.com
www.halleonard.com

Published by Hendon Music, Inc.,
a Boosey & Hawkes company
229 West 28th Street, 11th Floor
New York NY 10001

www.boosey.com

© Copyright 1981 by Boosey & Hawkes (Canada), Ltd.,
a Boosey & Hawkes company.
International copyright secured. All rights reserved.

ISMN 979-0-051-09789-0

First printed 1994
Second printing 2009
Third printing 2016

Music engraving by Odile Gruet

Création le 12 février 1982
par ARRAYMUSIC,
Trinity United Church, Toronto

First performance on February 12, 1982
by ARRAYMUSIC,
Trinity United Church, Toronto

NOTES DU COMPOSITEUR

Comme le titre suggère, cette œuvre est un retour vers un certain lieu de ma vie, certaines mélodies
Mélodies qui font en quelque sorte partie de mon passé
La mélancolie provient de mon goût pour les histoires du passé, mes propres histoires.
Quelques mélodies sont inscrites dans le silence, dans la continuité du temps
Cette œuvre est un acte de désespoir en ce sens que la création est toujours une tentative de relier le passé et le futur. « Mélancolie et Espoir », pour recréer la continuité que la vie a interrompue.

— Claude Vivier

COMPOSER'S NOTES

As the title suggests, this piece is a comeback to a certain spot in my life, certain melodies
Melodies that are somehow part of my past
Melancholia derives from my tastes for past stories, my own stories,
Few melodies embedded into silence, into the time continuum
This piece as an act of despair in so far as creation was always trying to
link past and future. "Melancholia and Hope," to recreate the time
continuum that human life has disrupted.

— Claude Vivier

ANMERKUNG DES KOMPONISTEN

Wie es der Titel nahelegt, ist das Stück eine Rückkehr zu einem bestimmten Moment meines Lebens, bestimmten Melodien
Melodien, die irgendwie Bestandteil meiner Vergangenheit sind
Melancholie resultiert aus meiner Vorliebe für vergangene Geschichten, meine eigenen Geschichten,
Wenige Melodien, eingebettet in die Stille, in das Zeit-Kontinuum
Dieses Stück als ein Akt der Verzweiflung in soweit, weil Schöpfung immer versuchte, die
Vergangenheit mit der Zukunft zu verbinden. „Melancholie und Hoffnung", um das Zeit-Kontinuum
wiederherzustellen, das menschliches Leben auseinandergerissen hat.

— Claude Vivier

NOTE DE LA RÉDACTION

Et je reverrai cette ville étrange (1981), commande de l'ensemble ARRAYMUSIC de Toronto, compte sans doute parmi les œuvres les plus frappantes de Claude Vivier. Composition totalement monodique, la mélodie y est jouée sans accompagnement par tous les instruments. Ici, l'importance de la mélodie, caractéristique de la musique de Vivier, a été portée à son paroxysme. Comme l'a dit le compositeur : « J'ai peut-être atteint la forme la plus pure de la mélodie dans *Et je reverrai cette ville étrange* ».

La pièce, une suite de cinq mélodies modales attrayantes, est d'une grande accessibilité. Le déploiement mélodique typique (quasi improvisando) et les ornements abondants témoignent de l'application de principes mélodiques asiatiques. L'emploi d'instruments de percussion tels le rin japonais (métallophone d'origine bouddhique), le gong et le trompong balinais (jeu de petits gongs horizontaux) est issu de la même source d'inspiration. L'aspect rituel de l'œuvre est renforcé par la répétition des motifs et des mélodies.

Tous ces éléments, ainsi que le titre de l'œuvre font de *Et je reverrai cette ville étrange* la suite logique des œuvres « orientales » de la période précédente (*Shiraz, Bouchara, Samarkand...*). Il est donc surprenant que ces cinq mélodies aient été empruntées textuellement à *Learning*, pièce pour quatre violons et percussions composée en 1976, donc avant le voyage en Asie du compositeur. Chez Vivier, l'orient demeure une zone indéfinissable, accessible seulement par les chemins sinueux de l'imagination. *Et je reverrai cette ville étrange* semble être avant tout une référence au mystère et à la nostalgie.

— Jaco Mijnheer

EDITOR'S NOTE

Et je reverrai cette ville étrange (1981), commissioned by the Toronto ensemble ARRAYMUSIC, is without doubt among the most striking works of Claude Vivier. It is an entirely monodic composition in which the melody is played, unaccompanied, by all instruments in unison. Here, as is typical of the music of Vivier, the importance of the melodies is carried to its extreme. As the composer himself stated, "I may have reached the purest form of melody in *Et je reverrai cette ville étrange.*"

The work, a suite of five persistent modal melodies, is remarkably accessible. The standard use of melody (quasi improvisando) and frequent ornamentation bear witness to the integration of Eastern melodic principles. The use of percussion instruments such as the Japanese rin (a metal instrument of Buddhistic origins), and the Balinese gong and trompong (a series of small horizontal gongs) emerges from the same inspirational source. The ritualistic nature of the work is reinforced by the repetition of entire motifs and melodic lines.

All of these elements as well as the title of the work make of *Et je reverrai cette ville étrange* a natural continuation of the "Eastern" works of the previous period (*Shiraz, Bouchara, Samarkand...*). It is therefore surprising that these five melodies were borrowed verbatim from *Learning*, a piece for four violins and percussion composed in 1976, thus prior to the composer's trip to Asia. For Vivier, the Orient remains an undefinable zone, attainable only through the winding pathways of the imagination. *Et je reverrai cette ville étrange* appears above all to be a reference to mystery and to nostalgia.

— Jaco Mijnheer

ANMERKUNG DER REDAKTION

Et je reverrai cette ville étrange (1981), entstanden im Auftrag des ARRAYMUSIC Ensemble, gehört zweifellos zu den bemerkenswertesten Werken Claude Viviers . Es handelt sich um eine durchgehend monodische Komposition, in der die Melodie unisono von allen Instrumenten gespielt wird. Die herausragende Rolle der Melodie, die so typisch ist für Viviers Musik, erfährt hier ihre höchste Steigerung. So äußerte der Komponist selbst: „ In *Et je reverrai cette ville étrange* habe ich vielleicht zur reinsten Form der Melodie gefunden.“

Das Stück ist als Suite von fünf reizvollen, modalen Melodien angelegt und sehr zugänglich. Die charakteristische Entwicklung der Melodie (quasi improvisando) und die reichhaltigen Verzierungen zeugen von der Anwendung asiatischer Melodieprinzipien. Die Verwendung von Schlaginstrumenten wie etwa des japanische Rins (ein Metallinstrument buddhistischen Ursprungs), von balinesischen Gongs und des Trompong (eine Reihe von kleinen horizontalen Gongs) rührt aus derselben Inspirationsquelle. Der rituelle Charakter des Werkes wird durch die Wiederholung der Motive und Melodien verstärkt.

All diese Elemente sowie der Titel des Werkes selbst stellen *Et je reverrai cette ville étrange* in die Kontinuität „östlicher“ Werke der vorangehenden Schaffensperiode (*Shiraz, Bouchara, Samarkand...*). Es ist daher überraschend, dass diese fünf Melodien wörtlich aus dem 1976 (also vor der Asienreise des Komponisten) komponierten Stück *Learning* für vier Violinen und Schlagzeug entlehnt wurden. Für Vivier bleibt der Orient eine undefinierbare Gegend, die nur über die gewundenen Pfade der Phantasie erreichbar ist. *Et je reverrai cette ville étrange* nimmt wohl vor allem Bezug auf die Sphären des Geheimnisvollen und der Sehnsucht.

— Jaco Mijnheer

INSTRUMENTATION	INSTRUMENTATION
Trumpet in C	Trompette en do
Piano	Piano
Viola	Alto
Cello	Violoncelle
Double Bass	Contrebasse
Percussion	Percussion
Celesta	Célesta
Vibraphone	Vibraphone
Trompong	Trompong
Chang	Chang
Balinese Gong	Gong balinais
Tam-tam (with Super ball)	Tam-tam (avec Super ball)
Score in C	La partition est en sons réels
Duration: *ca.* 15 minutes	Durée: environ 15 minutes

Performance materials are available from the
Boosey & Hawkes Rental Library.

Navigate to the Rental & Licensing tab at www.boosey.com for more information.

Et je reverrai cette ville étrange
(1981)

Claude Vivier
(1948-1983)

I

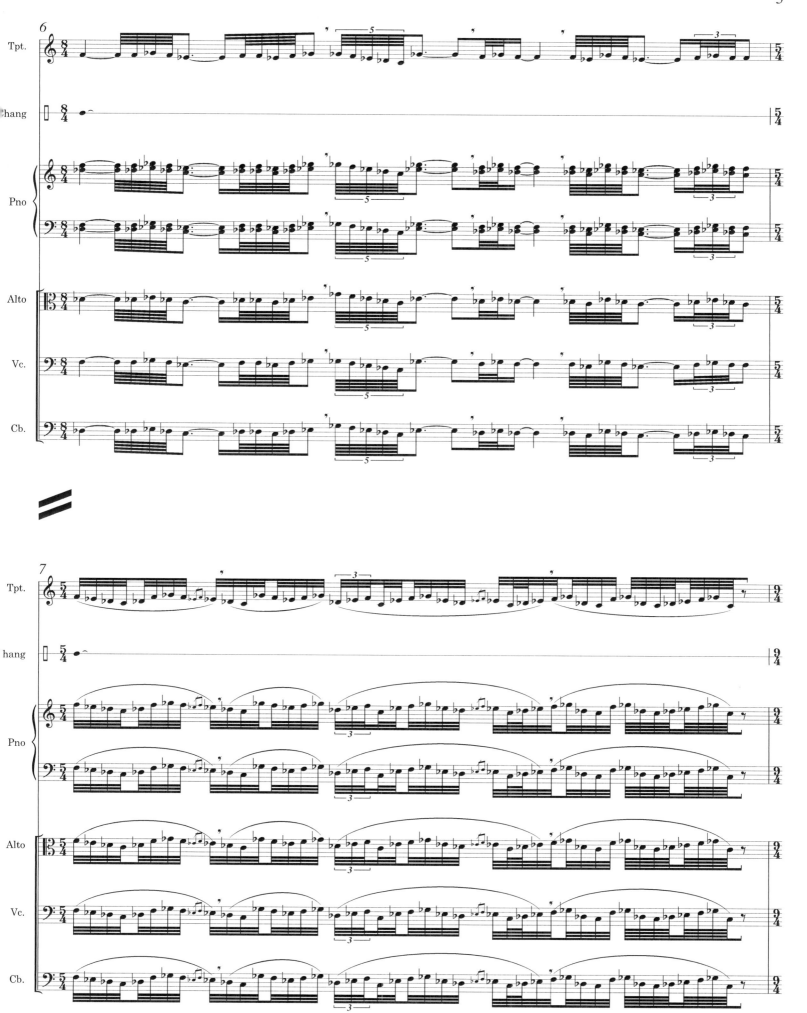

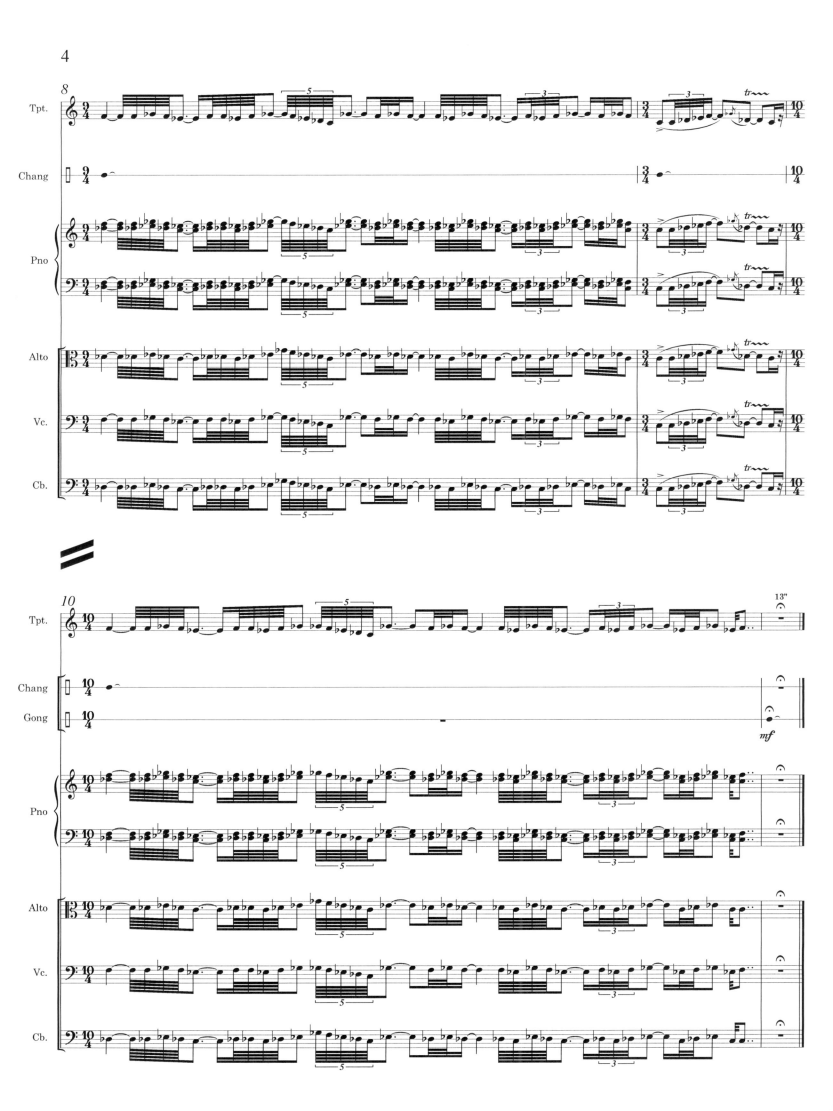

II

III

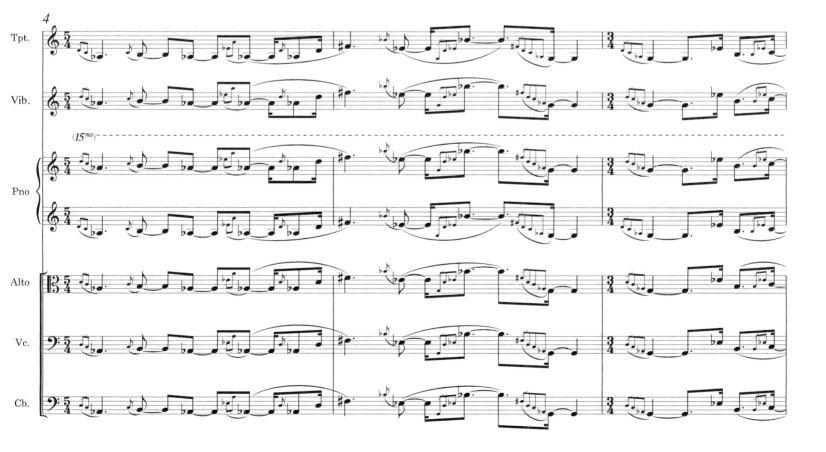

IV

V

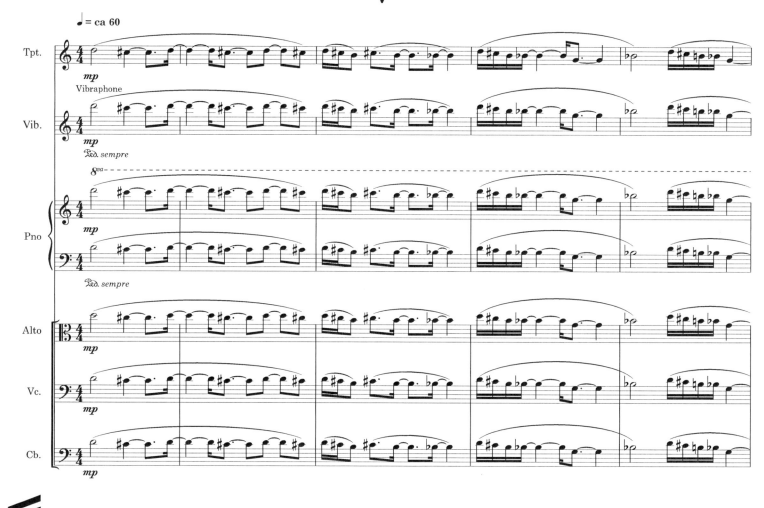

VI

(première mélodie / *first melody*)

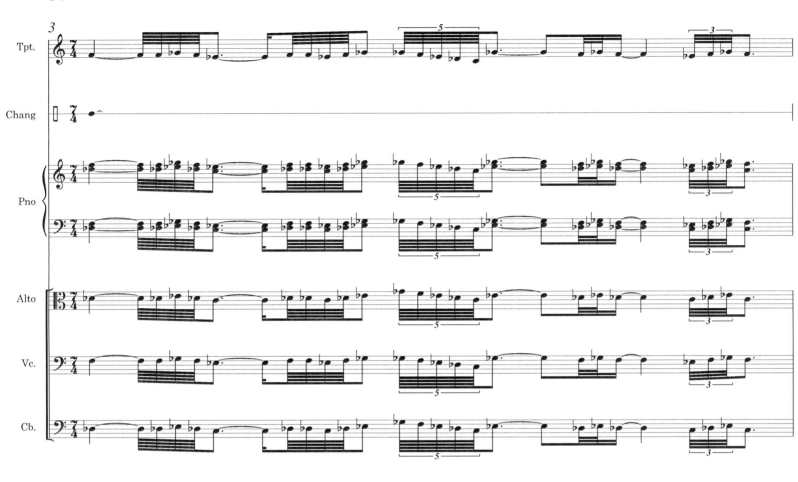

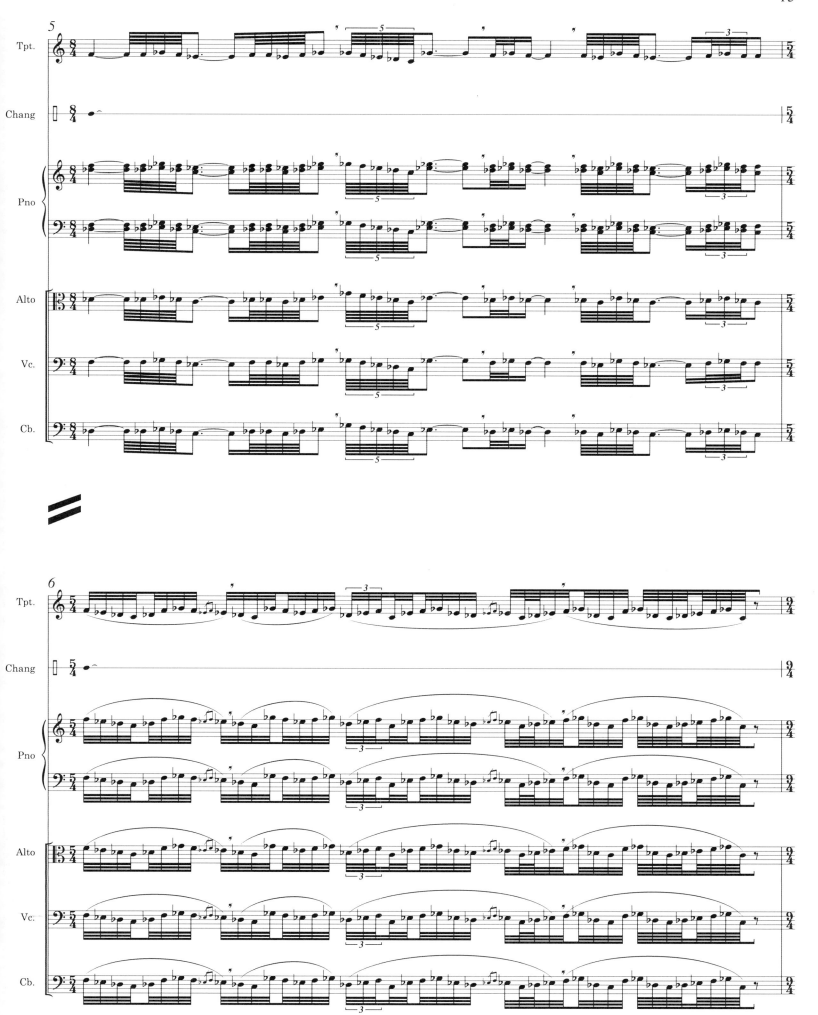